CHINA AND ASEAN
FOOD SAFETY INFORMATION MANAGEMENT EXCHANGE AND TRAINING IN CHINA

中国与东盟
粮食安全信息管理交流与在华培训纪实

杨勇 李敏 董薇 ◎ 著

中国农业科学技术出版社

图书在版编目（CIP）数据

中国与东盟：粮食安全信息管理交流与在华培训纪实 / 杨勇，李敏，董薇著．— 北京：中国农业科学技术出版社，2021.4

ISBN 978-7-5116-5255-3

Ⅰ．①中… Ⅱ．①杨…②李…③董… Ⅲ．①东南亚国家联盟—粮食安全—研究 Ⅳ．① F316.11

中国版本图书馆 CIP 数据核字（2021）第 056631 号

责任编辑　穆玉红
责任校对　李向荣
责任印制　姜义伟　王思文

出 版 者	中国农业科学技术出版社
出 版 者	北京市中关村南大街 12 号　邮编：100081
电　　话	（010）82109707　82106626（编辑室）　（010）82109702（发行部）
出 版 者	（010）82109709（读者服务部）
传　　真	（010）82106626
网　　址	http://www.castp.cn
发　　行	各地新华书店
印 刷 者	北京建宏印刷有限公司
开　　本	170 mm×240 mm　1/16
印　　张	7
字　　数	125 千字
版　　次	2021 年 4 月第 1 版　2021 年 4 月第 1 次印刷
定　　价	58.00 元

版权所有·侵权必究

前 言

随着农业科技革命在全球范围内的兴起,网络信息技术在农业领域的应用作用日益重要。中国同东盟各国一样是发展中国家,由于信息服务不到位,信息传输不通畅,而引起的粮食产品市场价格的频繁波动是当前我们和东盟各政府面临的一个十分紧迫的问题。帮助农村市场信息服务社会化程度较低的发展中国家建设粮食安全信息服务体系,利用网络信息技术对粮食产品安全实施全面的动态监测和先兆预警,加强对粮食生产经营者的信息服务,以便及时采取应对措施,是保证粮食产品安全的一个必然选择。

基于东盟与中日韩(10+3)合作机制下的东盟粮食安全信息系统建设就是在这一背景下建立并运行的,本书系统介绍了东盟粮食安全信息系统项目的背景、目标、内容以及多年来的产出,同时回顾了自 2003 年以来在华开展的 15 届培训交流活动的情况,对交流与合作进行了回顾与思考。项目的建设工作得到了农业农村部国际合作司、市场与经济信息司、中国农业科学院国际合作局、农业信息研究所以及扬州大学等的大力支持,设在泰国的东盟粮食安全信息系统秘书处对在华培训交流活动的举办给予了全力协调,在此书完成之际一并表示感谢。

目录 CONTENTS

第一章
东盟粮食安全信息系统 / 1
第一节　项目的背景 / 2
第二节　目标与产出 / 5

第二章
在华培训纪实 / 15
第一节　2003年培训 / 16
第二节　2004年培训 / 20
第三节　2005年培训 / 26
第四节　2006年培训 / 33
第五节　2007年培训 / 39
第六节　2008年培训 / 44
第七节　2009年培训 / 48
第八节　2011年培训 / 52
第九节　2013年培训 / 55
第十节　2014年培训 / 59
第十一节　2015年培训 / 63
第十二节　2016年培训 / 68
第十三节　2017年培训 / 75
第十四节　2018年培训 / 79
第十五节　2019年培训 / 85

第三章
交流合作回顾与思考 / 90
第一节　项目参与回顾 / 91
第二节　项目培训成效 / 100
第三节　项目培训思考 / 102

第一章

东盟粮食安全信息系统

第一节 项目的背景

◎ 项目源起

东盟粮食安全信息系统,英文全称是 ASEAN Food Security Information System (AFSIS),后又改名为"东盟10+3粮食安全信息系统",英文全称为 ASEAN Plus Three Food Security Information System (AFSIS),是在东盟与中日韩(10+3)合作机制下实施的,习惯上仍称呼为东盟粮食安全信息系统,简称 AFSIS。

在东盟与中日韩(10+3)区域对粮食安全的日益关注下,区域内各国于2002年10月在老挝举行的东盟与中日韩(10+3)农林部长会议上审定通过了该项目,并于2003年正式启动。

项目旨在通过系统地收集、整理、分析、传递和管理区域粮食安全数据和信息,促进东盟与中日韩(10+3)各国粮食安全的规划、评估、监测和实施,主要用于发展东盟与中日韩(10+3)国家间的粮食及农业统计信息网络和加强人力资源建设,加强东盟与中日韩(10+3)各国及区域间粮食安全。

东盟粮食安全信息系统图标

项目主要包括区域间人力资源开发、信息网络建设两大主要任务,其中人力资源开发主要包括各类培训、研讨与国际会议等知识分享活动,信息网络建设主要包括东盟成员国在软硬件、粮食安全相关数据系统及数据库的开发等。

◎ 发展历程

项目第一阶段为期5年,即2003—2007年。2002年10月在老挝举行的第二届东盟与中日韩(10+3)农林部长会议上审定通过了该项目,并于2003年正式启动。项目开展后进展顺利,2005年9月在菲律宾召开的第五届东盟与中日韩(10+3)农林部长级会议上,议定2008—2012年继续实施该项目,并于2006年5

月在泰国召开专门技术会议,进一步讨论了第二阶段框架方案。

随后,在2007年泰国举行的东盟与中日韩(10+3)农林部长会议上正式决定实施第二阶段项目建设,在《第七次东盟与中日韩(10+3)农林部长会议》上,东盟粮食安全信息系统项目被单独列为各国部长共同声明的第六条,成为重点支持与实施的项目。第二阶段为期5年,从2008—2012年。

为了应对东盟地区营养不良人口的增加和食品价格飙升的影响,2012年9月28日,在老挝万象举行的第12届东盟与中日韩(10+3)农林部长会议一致同意将东盟粮食安全信息系统从项目转变为永久机制,并建立了2013—2015年的三年工作计划。

然而,在评估将东盟粮食安全信息系统建立为永久性机制后,一些相关问题仍未能得到最终确定,于是在2016年8月14—16日在新加坡举行的东盟与中日韩(10+3)第38次高官会和第16次农林部长会上,最终同意将东盟粮食安全系统维持为由泰国牵头加东盟加中日韩3国支持的项目。

2017年9月25—29日在泰国清迈举行的第17次东盟与中日韩(10+3)农林部长公议上再次确认,东盟粮食安全信息系统定位为由泰国牵头,加上东盟及中日韩3个国家支持的项目,并一直沿续至今。

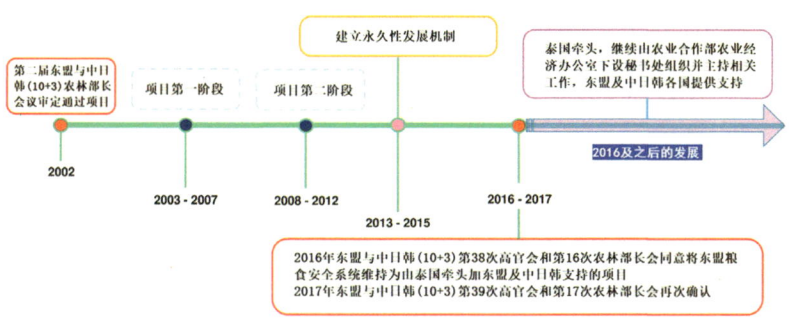

东盟粮食安全信息系统建设历程

◎ 运行机制

AFSIS项目成员国包括东盟10国及中日韩3国,项目最初是在日本农林水产省(Ministry of Agriculture, Forestry and Fisheries, MAFF)的资助下,在泰国农业合作部农业经济办公室的大力支持下开展的。第一阶段与第二阶段的项目运行资金主要由日本农林水产省以东盟信托基金的方式资助，中国与韩国主要承担邀请学员赴两国的培训项目经费支出。

东盟粮食安全信息系统项目的组织包括各成员国的项目联系人、东盟粮食安全信息系统秘书处和东盟秘书处。

项目建立了东盟与中日韩（10+3）项目联系人及联系人会议机制。联系人由每个成员国的协调中心机构指派的代表组成，这些机构负责管理和协助执行东盟粮食安全信息系统的活动，确保各国家在人力资源及机构之间合作的顺利进行，并促进其他相关项目的合作，中国的协调机构是农业农村部市场与经济信息司。

东盟与中日韩3国的联系人每年举行一次联系人会议，按东盟10国的字母顺序在东盟各国轮流主办，会议主要汇报交流上一阶段的业务与成果，并讨论决定下一阶段的计划与项目实施。

年度会议是项目讨论、评审和决定相关事项的决策机构，主要决定以下事项：①东盟粮食安全信息系统工作计划；②在区域和国家层面上执行东盟粮食安全信息系统的活动；③其他和东盟粮食安全信息系统相关的活动事项。

秘书处设在泰国农业合作部农业经济办公室，负责与各成国员协调相关活动的组织以及项目的建设与运行。

东盟秘书处作为总协调员，提供与东盟粮食安全信息系统执行有关的必要的帮助和指导。

第二节 目标与产出

◎ 目标的制订

项目旨在实现以下目标。

一是各成员国以统一的标准提供区域粮食安全信息平台建设所需的准确、可靠和及时的数据与信息。

二是东盟粮食安全信息系统能够提供为地区及各国的规划及执行区域粮食安全政策所需的完整的信息资源。

三是通过预警信息报告和农产品展望报告有助于区域及各国粮食安全政策和计划的管理,通过这些活动有助于评估区域粮食安全状况,确定可能发生粮食不安全的地区以及严重程度。

四是可以让区域或各国相关的责任机构可以更好地认识到粮食安全的问题,使受影响的群体得到更好的回应和决策支持,同时帮助他们传递出困难与需求。

这些目标主要通过建立平台和数据库共享分析数据,开展相关分析报告研究支撑决策,组织区域人力资源培训提升相关从业者能力,开发并运行相关信息管理与服务系统提升效率等方式来完成。

◎ 产出成果:平台与数据库

1、东盟粮食安全信息系统网络平台

平台是东盟与中日韩(10+3)粮食安信息系统的门户,汇集了东盟粮食安全相关统计数据、报告、项目、知识库等多类信息,是东盟粮食安全信息交流与交换的关键承载体,为东盟区域相关用户提供粮食安全状况及政策规划的评估信息。平台除了数据库存资源外,还兼具相关新闻发布和项目发布管理等功能。平台的网址为http://www.aptfsis.org。

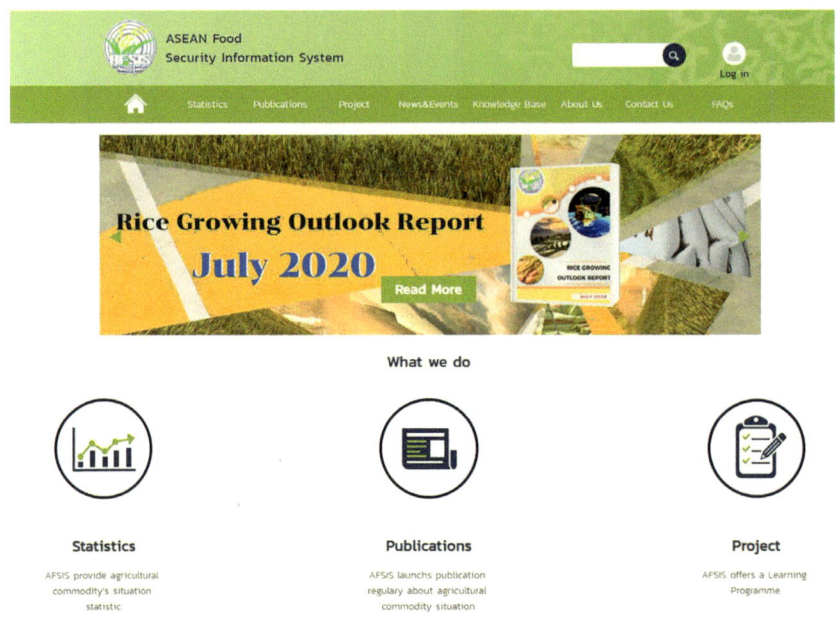

东盟粮食安全信息系统网站首页

2、数据库信息系统

东盟粮食安全信息系统数据库系统在2004年网站启动的时候同步启动，主要通过互联网采集、整理并发布与区域粮食安全有关的信息。数据库包含水稻、玉米、大豆、甘蔗和木薯5种主要粮食作物的粮食安全相关信息，这些信息是从每个成员国收集的，包括与每种作物的生产、进出口、市场价格、消费、库存等有关的信息，其他一些重要的经济信息，如收入、土地利用和灌溉也包括在内。信息主要是东盟各国提供，数据库中的信息是从1983年开始至今形成了时间序列数据，国家信息在被整合后就形成了区域信息。每个人都可以在AFSIS数据库中搜索所有信息。而平台将所有信息导出到Excel和PDF文件中，以供公众使用。

每个成员国都为该数据库的建设指定了一个协调中心，负责管理和协助开展相关数据收集工作，包括提供和更新网站上提供的与粮食安全有关的信息。设在东盟粮食安全信息系统秘书处的信息和培训中心（AFSIT）是项目的管理单位，作为一个信息中心，负责AFSIS网站及数据的维护，数据主要由各成员国在每年的8月份前后进行更新。

项目数据库信息系统

◎ 产出成果：研究报告

1、年度报告

东盟粮食安全信息系统每年发布一次年度报告，主要关于东盟粮食安全信息系统的活动和相关实施计划的进展情况的年度总结，报告也对下一年度的活动和实施计划进行预期及筹备进展进行分析。该报告在官方网站上可下载，项目秘书处则出版相关的报告书籍。

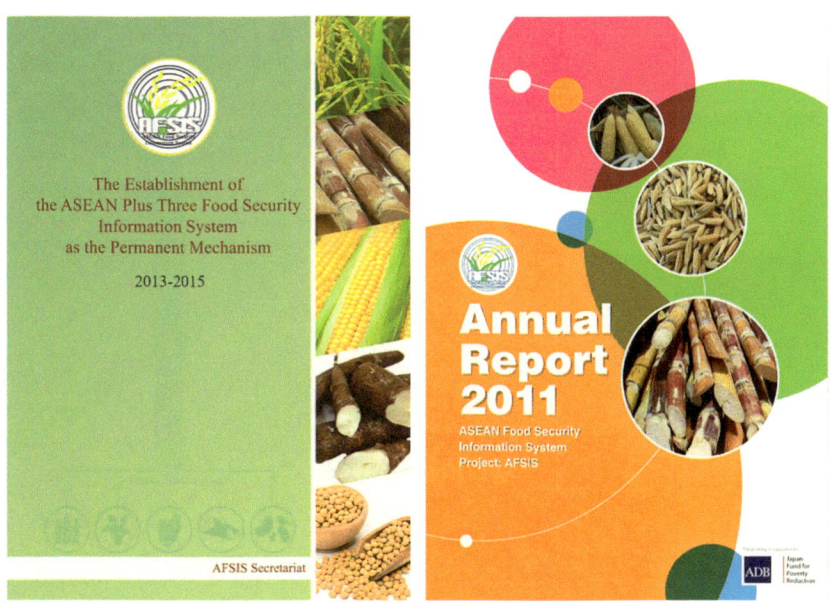

项目年度报告

2、预警信息报告

简称EWI（Early Warning Information），是东盟粮食安全信息系统项目重要的成果产出。

报告是对本年度和下一个收获季节的作物状况、生产条件以及生产政策的分析，包括对自然灾害、疾病、主要病虫害等对种植面积的影响进行评估。它提供了水稻、玉米、甘蔗、大豆和木薯五大类主要粮食作物生产的相关信息。

报告通过监测分析农作物种植面积、收获面积、产量、受损面积、作物状况等指标，报告对潜在的自然灾害、病虫害等突发状况进行分析预测，是监测区域粮食安全状况的有效工具。一旦出现可能影响粮食生产的异常现象，东盟粮食安全信息系统秘书处会立即通知相关部门预先警惕可能产生的影响。

数据来源于平台的数据库，从2008年起，一年发布两次，分别在每年3月和9月。报告可在官方网站上下载。

项目预警信息报告

3、农产品展望报告

简称ACO（Agricultural Commodity Outlooks），也是东盟粮食安全信息系统项

目重要的成果产出。

报告对东盟地区本年度和下一年度粮食作物供需形势进行分析，即作物生长条件、食物平衡表、价格、政策和粮食安全指标，数据将由各成员国提供，包括期初的库存、生产、进口、利用、其他用途、出口和期末库存等。

报告由泰国农业合作部农业经济办公室的工作组编写，并成立了由各成员国指定的专家组成的农产品展望委员会，为工作组提供必要的协助，并在出版前对报告进行审查。

2008年起，报告一年发布两次，分别在每年6月和12月。12月期为重点农产品提供了下一年的年度展望。6月期提供了本年度的年度展望。报告在官方网站上可下载。

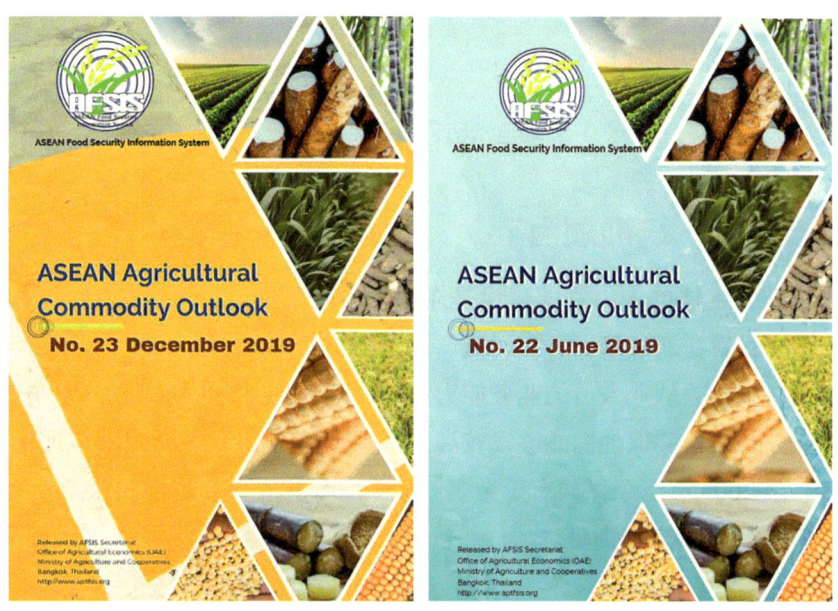

项目农产品展望报告

4、水稻种植展望（RGO）报告

简称RGO（Rice Growing Outlook），2017年起开始发布，用于监测东盟地区水稻种植情况的月度简报。截止目前共发布40份。

项目水稻种植展望报告

◎ 产出成果：培训项目

以培训为主体的人力资源建设是东盟粮食安全信息系统建设的重要组成部分。培训项目旨在通过培训、研讨班、国家报告交流会和双边技术合作等活动来提高各成员国相关从业人员的业务能力。这些活动培训了成员国有关人员的统计知识和业务技能，确保他们能够以较高的水平和熟练的经验执行相关项目的活动和任务。从2003年至今，共有千余名学员参加了东盟粮食安全信息系统及合作伙伴的举办的40多个培训班。

1、中国举办的培训

中国—东盟粮食安全信息管理与信息技术应用培训班到2019年已举办了15届，其中第1届在2003年由项目办出资，2004年后均由中国出资举办，培训班除安排农业统计知识方面的讲座与训练外，还更多的安排了解和实践中国农业产业信息管理与服务的具体做法，涉及作物生产、产品安全、信息服务、乡村振兴等一系列领域，每年安排大量的实地参观，旨在全面促进中国东盟间农业信息系统的信息交流，提高从事农业产业信息管理与服务的从业人员综合业务能力。

2、韩国举办的培训

在韩国举办的培训班或研讨会由韩国农林畜产食品部和韩国农林水产食品教育推广与信息服务局共同支持。旨在提高东盟成员国利用农业统计信息的技能，并最终通过各种方案促进东盟区域的粮食安全，这些方案包括讲座、讨论、演讲和实地考察。研讨会为每一个参与者提供了良好的机会，使他们的技术和管理技能得到积极的强化，并将这些技能运用到各自国家的发展中。

项目在韩国举办的培训活动

3、国际粮农组织的培训

为了提高减贫、粮食安全、可持续农业和农村发展的决策能力，联合国国际粮农组织提供了相关技术支持，使东盟成员国能够通过准确及时的农业农村统计数据来发展可持续的农业统计系统。近几年，粮农组织通过其在粮食安全信息领域的项目与东盟进行了一些技术合作，主要包括举办诸如"增进东盟区域粮食安全知识交流与交换研讨会""加强对《东盟综合粮食安全框架》和《东盟区域粮食安全战略行动计划》的实施情况的监测和协调能力培训班"等形式，由FAO区域办事处和东盟秘书处共同组织。

4、双边技术合作

双边技术合作是东盟粮食安全信息系统项目开展人力资源建设的重要机制之

一。其目标是在东盟成员国之间分享知识和观点。在这项活动中，根据每个国家的需要和技术特长，将这些国家分成受援国和资源国进行配对。来自资源国的专家将前往受援国担任培训课程的讲师。培训结束后，受援国将派人员访问资源国，以跟进他们在培训班上学到的知识。该项人力资源建设项目仅在东盟成员国间进行。

◎ 产出成果：信息系统

1、耕地信息系统

简称ALIS（Agricultural Land Information System）。东盟成员国之间统计数据的可靠性存在根本差异。由于长期缺乏必要的人力资源，不足的统计工作经费预算，以及相关人员的工作经验不足，阻碍了抽样调查的顺利进行。为此，日方与日本NTT DATE公司合作，开发了基于台式机的耕地信息系统，通过建立区域的框架来估算农用地面积。耕地信息系统能够以低劳动力、低成本和可持续的方式获取区域数据。

2、预测模型

简称F-Model。模型为东盟成员国提供了一个学习的方案，方便各方进行知识分享和技巧交流，特别是那些致力于建立东盟粮食安全信息系统网络中心的成员。同时可以寻求一种途径来提高他们对农业生产的了解，加强项目的各网络中心之间的合作。模型提供了中长期预测的粮食供需模型的知识，展示了模型构建的基本计量经济学，模型结构以及如何解释和利用中长期预测的粮食供需模型的结果。日本农林水产省承担该项目，旨在协助东盟地区的粮食安全部门收集中期和长期供需预测所需的数据，并建立适当的建模方法。农林水产省向东盟粮食安全信息系统秘书处派遣一名专家，根据模拟系统生成粮食安全预测信息来支持项目的实施。这种基于模拟系统的粮食安全预测的开发，使短期（3—6个月）、中期（3—5年）和长期（10年）的预测结果可成为政策规划与农业发展决策的支撑。2013—2015年，东盟粮食安全信息系统秘书处和日本共同举办了6次相关培训和研讨会，使东盟成员国在建立基于预测信息的模型以及获取计量经济模型等方面得到了知识扩展。

3、东盟地区农作物的食品加工和配送的统计数据改善项目

项目的主要目标是开发一种工具，来收集与农作物相关的食品加工和配送数

据，并通过成员国农业统计部门的能力建设，将这些方法引入东盟成员国。

4、地球观测全球农业监测小组行动

针对2008年全球粮食价格波动和粮食市场价格飙升，二十国集团农业部长同意采取两项举措，即地球观测全球农业监测小组（GEOGLAM，Group on Earth Observation Global Agriculture Monitoring）和联合国粮农组织的农业市场信息系统（AMIS，Agricultural Market Information System），以期通过应用卫星监测观测系统来提高农作物产量预测和天气预报的数据质量，推进国际社会进行及时准确的国家、区域和全球这几种不同尺度上的农业生产预测水平。这些举措中所用到的数据都是具有全局一致性和可扩展性的遥感数据。参加行动的亚洲国家组成了一个特设小组——亚洲水稻小组（ASIA Rice）。亚洲水稻小组与东盟粮食安全信息系统合作，为"GEOGLAM原型全球作物评估"提供相关研究内容。2014年，印度尼西亚、菲律宾、泰国和越南等国家利用JAXA（日本宇宙航空研究开发机构）和RESTEC（日本遥感科技中心）所提供的农业气象信息（这些信息包括不同的指标，如干旱指数、降水量、土壤湿度、太阳辐射、地表温度和植被指数等），分析和观测每月水稻种植情况，并向联合国粮农组织的农业市场信息系统汇报全球农业监测预警信息。亚洲水稻小组通过东盟粮食安全信息系统的框架，利用JAXA系统卫星获取指定国家的农业气象信息，从而为水稻种植预测作出贡献。目前亚洲水稻小组主要开展利用遥感数据进行水稻估产方面的研究与应用。2016年，亚洲稻米小组的活动扩大到柬埔寨、老挝和缅甸这3个东盟成员国。

5、基于信息技术的东盟粮食安全能力建设项目

2013年东盟批准了由韩国国家信息社会局提出的"东盟粮食（大米）贸易系统评估及基于信息技术的粮食（大米）贸易模型进展项目"，以支持东盟地区粮食安全问题的解决。该项目旨在提高东盟及中日韩应对粮食安全问题的能力，并通过向成员国传授知识来加强成员国之间的互助体系，以便推进和运行"东盟10+3大米贸易模式"。该模型在韩国已有累积的建设和管理经验。项目始于2013年5月，涉及柬埔寨、老挝、缅甸、泰国和越南五个援助国。2014年，该项目的第二阶段扩大并囊括了其他5个东盟成员国。该项目的产出成果包括：一份关于成员国水稻数据管理方案和粮食（稻米）安全信息化水平的分析报告，一份关于"东盟10+3水稻贸易模式发展情况"和"东盟10+3水稻贸易模式管理及服务的国际问题"的报告。

6、东盟粮食安全实时信息网络和人力资源开发项目

本项目是韩国农林畜产食品部和东盟粮食安全信息系统秘书处于2014年4月签署的《讨论记要》中所发起的一项促进东盟地区粮食安全的具体措施。项目的执行机构是韩国农林水产食品教育推广信息服务局，东盟粮食安全信息系统秘书处进行协助。目标是开发粮食安全信息系统，促进农业统计、数据收集、分析和管理方面的信息共享，培训粮食安全领域的专家，为东盟的粮食安全做出贡献。项目从2014—2019年，共分为三个阶段，旨在改善柬埔寨、印度尼西亚、老挝、缅甸、菲律宾、越南6个目标国家及东盟粮食安全信息系统自身的粮食安全数据库系统。

第二章
在华培训纪实

第一节 2003年培训

◎ 届次：第一届
◎ 时间：2003年10月20日至10月29日，共10天
◎ 地点：北京市
◎ 外宾：18人
◎ 国家及组织：马来西亚、印度尼西亚、缅甸、泰国、文莱、老挝、越南
◎ 名称：东盟国家农业企业信息化技术培训项目

◎ 简介

2003年10月21日，培训班在北京九华山庄举行了开班式，农业部国际合作司屈四喜副司长、亚非处高芸女士、中国农业科学院国际合作局刘荣乐副局长、国际组织处张熠女士、亚洲农业信息技术联盟主席梅方权研究员、中国农业科学院科技文献中心孟宪学副主任、科技处李思经处长等出席了开班式并致辞，表达了对东盟学员的热切欢迎，并希望通过此次培训班使大家能更多地了解中国在农业科技发展方面取得的重要成果。会议由中国农业科学院科技文献中心孟宪学副主任主持。本次培训班由中国农业科学院科技文献信息中心（后改名为农业信息研究所）承办。

近年来，我国农业信息技术研究和应用有了很大发展，取得了很多成果，总体水平在亚洲居于前列。在农业企业管理方面，开发出了一系列实用软件，涉及到市场预测分析、农业生产经营管理、专家系统、决策支持系统等，其中很多软件已经在农业企业管理实践中得到了广泛的应用，取得了很好的经验，推动了农业企业管理的信息化水平，提高了管理的效益，收到了很好的效果。

与中国相邻的东盟国家农业发展，特别是农业企业（如农场企业）和我国一样，面临着提高农产品品质、调整农业结构和加速成果推广等诸多问题。而解决这些问题，农业信息技术将大有用武之地。东盟国家农业企业信息化技术培训正是在这种背景下提出的，通过对有关软件应用技能的培训，辅助东盟国家农业企

业的生产管理，提高农业生产能力进而提高农业生产水平。培训班不仅能够展示我国近年来在农业信息技术领域取得的科技成果，扩大我国在世界的影响，而且能够帮助东盟国家的农业企业提高管理能力和水平，增加收入和提高农产品在国际市场的竞争能力，为其经济发展注入新的活力。因此，本次培训班选择了农业企业信息化技术作为培训的主题。

本次培训班共有来自七个东盟国家的18名学员参加，其中，计算机操作人员及程序员4人，农业部下属信息中心主要领导3人，其余为来自农业、林业以及外交部门的政府官员。培训班分为三个模块：一是专题报告（讲座），二是具体软件应用培训，三是实地参观（成果展示）。

专题报告环节主要介绍中国农业信息技术研究与应用的发展情况，农业信息技术研究取得的主要成果以及计算机在农业生产经营管理中的应用前景等内容。梅方权研究员做了"中国农业信息技术发展战略分析"的专题讲座，孟宪学研究员做了"中国农业科技数据库的建设与管理"的专题讲座，钱平研究员做了"使用和搜索Web"的专题讲座，刘世洪研究员做了"IT在农业上的应用和农业信息化的发展"的专题讲座，崔云鹏博士做了"农业企业经营与CRM系统"的专题讲座，赵瑞雪博士做了"农业信息化的灵魂——计算机农业应用软件的开发与应用"的专题讲座。

软件培训环节具体讲解并带领学员操作了"农业企业CRM系统""农产品市场信息分析预测系统软件""农业企业经济分析系统软件"等软件系统的功能、用途和具体使用操作。帮助学员了解农业企业生产经营管理信息化技术应用，包括销售信息管理、销售过程定制、销售过程监控、销售预测、销售信息分析、市场活动管理、市场活动反响跟踪、促销内容管理等。以及实现农产品市场信息的采集、发布、浏览、信息分析和自助预测。相关的应用系统不仅可应用于政府主管部门进行决策参考，辅助政府指导农产品结构调整，宏观调控农产品供求状况，而且可推广应用于农产品贸易企业、农产品市场咨询组织以及农户，作为其分析预测市场的主要工具和手段，提高分析预测的科学性、准确性，降低市场调研的成本，对于指导农业生产和提高市场竞争力具有重要意义。还有农业企业经济分析系统，可以根据企业经济数据，按照一定的指标体系对企业的整体经济运行状况进行分析，辅助管理者进行企业决策，支持企业管理者从企业的整体经济发展水平的高层次角度对企业的问题进行诊断，并提供了一种调整、改善企业经济状况的决策支持手段。

在实地参观（成果展示）模块中，学员们参观了"中垦农业资源开发有限公司"，具体了解农业企业信息化管理的内容，参观了中国农业科技信息网网络中心和国家农业图书馆，初步了解了中国农业科技文献信息资源的建设和农业科技信息网络发展的概况。同时，还向学员们展示了中国在农业信息技术领域的其他一些研究成果，包括"小麦生长计算机模拟系统""多媒体农业信息管理与发布系统"等重要研究成果。

培训还安排了多次座谈讨论，学员们相互交流各国情况与经验，探讨今后进一步合作的途径、方式与意向等。

培训为东盟国家农业企业高层管理人员进行实用农业信息技术培训是该项目的首要任务。通过专题报告和专题讲座，使学员从宏观和中观层次上对农业信息化技术和信息管理有了较完整地理解，提高大家对农业信息化的认识；项目所选用的软件系统都是在我国经示范应用，并证明是行之有效的实用软件，通过这些软件的应用培训，帮助大家在农业生产经营和管理等方面全面采用现代信息技术，提高企业决策科学性和管理规范性，提高生产能力。使学员掌握包括销售信息管理、销售过程定制、销售过程监控、销售预测、销售信息分析、市场活动管理、市场活动反响跟踪、促销内容管理等企业行为的现代化管理手段；利用培训软件进行农产品市场信息的采集、发布、浏览、信息分析和自助预测，并对企业经济运行进行分析，提高决策水平。通过培训，学员们普遍认为培训班所选内容，对他们自己国家下一步发展信息技术农业应用具有直接的指导作用，同时学员们基本掌握了培训软件的实际应用，培训达到了预期的目标。

马来西亚的Zubidah Bte Ishak说："这次培训的效果非常好，马来西亚的农业计算机软件正处于发展阶段，这次课程为我们在农业计算机软件开发方面提供了有用的经验。中国在农业IT方面非常先进，通过CAAS/SDIC可以给马来西亚农业计算机软件开发方面提供一些技术支持。"

Ya-anenawati Haji MD Yusuf说："这次培训给我的收获很大，尤其是农业软件的开发方面。我有如下建议：①加强中国和我们国家信息共享方面的课程培训；②专家交流；③给我们国家提供一些新的软件。"

缅甸的Nu Nu Yee说："这次培训非常有用，我建议在中国每年进行一次这样的培训。"

印度尼西亚的Gusmailina说："我学到许多农业信息技术方面的知识，可以把一些IT技术用在我们国家的相关领域。在信息技术的相关领域我们国家应该向中国学习。"

第二章 在华培训纪实 | 19

培训班合影

培训班学员听课中

文献中心孟宪学博士作讲座

文献中心钱平博士作讲座

文献中心刘世洪博士作讲座

文献中心赵瑞雪博士作讲座

学员课间与文献中心梅方权主任交流

 2004年培训

◎ **届次**：第二届
◎ **时间**：2004年6月7日至13日，7天
◎ **地点**：北京市及北京昌平区
◎ **外宾**：42人
◎ **国家及组织**：文莱、新加坡、柬埔寨、印度尼西亚、老挝、缅甸、马来西亚、菲律宾、泰国、越南、日本、韩国、AFSIS秘书处、JICA、东盟秘书处
◎ **名称**：东盟粮食安全信息系统信息网络技术应用培训班

◎ **简介**

2004年6月7日，培训班在北京燕山大酒店举行了开班式，农业部国际合作司金世生副司长、市场与经济信息司张天佐副司长、中国农业科学院国际合作局贡锡锋处长、科技文献信息中心孟宪学副主任出席了开班式并致辞。AFSIS项目负责人Montol Jeamchareon先生对中方表示感谢并介绍了东盟食物安全信息系统项目情况。会议由中国农业科学院科技文献信息中心孟宪学副主任主持。

参加本次培训班原定31人，实际参加人数为42人，远超预计人数。东盟10国均派学员参加，此外还有东盟各国项目联络员、AFSIS专家、JICA专家、东盟秘书处官员及日、韩专家等。项目培训由专题讲座、技术培训和参观考察三部分组成。

本次培训聘请了中国科学院、农业部、中国农业科学院等著名专家学者及信息管理和网络技术专家进行授课，介绍了计算机网络技术的发展现状和在农业中的应用、网络化的中国粮食安全体系，并探讨计算机网络技术与东盟粮食安全体系以及信息和通信技术的应用对农户的影响。东盟十国还分别介绍了本国的网络技术在农业中的应用情况。中国农业科学院科技文献信息中心梅方权教授介绍了"中国食物安全与早期预警系统"；中心王文生博士介绍了"网络软硬件、局域网结

构和设计原理与网络安全"；赵瑞雪博士介绍了"农业数据库的设计与应用"；钱平博士介绍了"无线网络技术在农业中的应用"；李思经博士介绍了"农业数据资源建设与管理"；中科院的曹存根博士介绍了"数据库设计原理"；中国科技信息研究所的张志平博士和王莉博士介绍了"IPv6: 激活下一代网络"。

培训期间还组织学员前往国家农业信息化工程技术研究中心、中国农业科学院网络中心进行了实地参观考察，了解我国网络信息技术在农业中的实际应用。

通过培训，不仅展示了我国在农业网络和数据库技术方面的发展成就，向东盟国家推广我们的发展经验和信息产品，同时也增强了我国与东盟国家的农业信息技术交流与合作，为促进东盟国家农业信息化进程，提高其农产品在国际市场的竞争能力，扩大我国在世界的影响起到推动作用。东盟国家的学员充分了解了信息技术在我国粮食安全信息系统的研究进展以及我国网络和数据库技术在农业应用的成功经验，学员们普遍认为，参加此次培训受益匪浅，对解决本国的粮食安全信息系统建设以及信息网络建设在农业领域的应用十分有效，能为本国农业信息化建设提供有益的经验和参考，促进本国农业信息化建设步伐的加快。同时希望能够再次与中国专家进行更长久和更深层次的网络信息技术交流。

文献中心的网络中心作为本次培训班的具体承办单位，做了大量细致的前期工作和繁复的接待工作，并为东盟学员精心准备了教材，将全部授课内容制成光盘发给每位学员，为培训班圆满结束提供了有力保障。根据东盟秘书处的要求，此次培训发放了效果评估表，对培训内容、培训材料、培训地点、培训教师、会务服务等21个问题进行了调查，与培训单位进行背对背考核，共收回评价表173份。其结果表明，绝大多数学员对此次培训的组织、课程设置和日程安排表示非常满意，认为此次培训达到了学习和交流和提高的目的，学员对此次培训授课内容的满意度为92%，对聘请老师水平的满意度为96.7%，对教材的满意度为94.7%，对我方的接待满意度为100%。在闭幕式上，泰国学员 Mr. Premchai Gatesumpao 代表 AFSIS 项目做了精彩的发言，他说，中方的培训班组织得很好，他们真是开阔了眼界，增长了知识，他将把在中国学到的好经验带回国去，一定会对本国的粮食安全信息系统建设起到促进作用，并代表 AFSIS 对中国主办和承办单位表示衷心感谢。新加坡学员 Mr. Koay Sim Huat 代表东盟各国学员发了言，他说，本次信息网络技术应用培训班办的非常成功，课程安排的非常实用，有助于他们在粮食安全、信息网络技术以及数据库建设等各方面有一个新的提升。同时他也希望能够和中国在农业信息化建设等各方面进行更广泛的交流与合作。

培训班合影

培训班开班式

文莱代表作报告

菲律宾代表作报告

新加坡代表作报告

柬埔寨代表作报告

韩国代表作报告

文献中心梅方权研究员作报告

中科院曹存根研究员作报告

中国科技信息研究所王莉博士报告

文献中心孟宪学研究员作报告

文献中心李思经博士作报告

文献中心赵瑞雪博士作报告

文献中心王文生博士作报告

学员参观院网络中心

给学员发的证书

学员参观国家农业信息工程中心

学员参观国家农业信息工程中心

学员参观国家农业信息工程中心

为学员举行欢迎晚宴

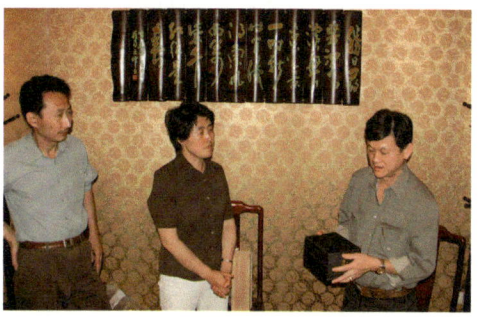
与AFSIS负责人交换礼物

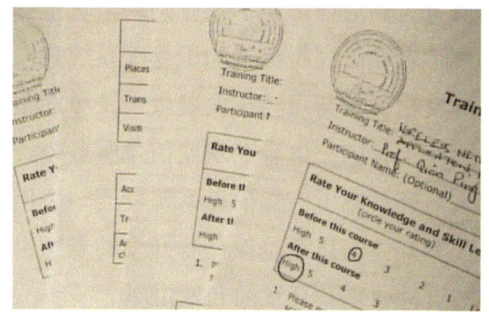
培训效果调查问卷

学员游览长城

第三节 2005年培训

◎ 届次：第三届
◎ 时间：2005年8月7日至17日，11天
◎ 地点：北京市及北京顺义区
◎ 外宾：27人
◎ 国家及组织：文莱、柬埔寨、印度尼西亚、老挝、缅甸、马来西亚、菲律宾、泰国、越南、日本、AFSIS秘书处、JICA
◎ 名称：东盟"10+3"粮食安全信息系统技术培训班

◎ 简介

　　2005年8月8日，培训班在北京市皇苑大酒店举行了开班式，农业部市场与经济信息司张玉香司长、国际合作司金世生副司长、农业部市场与经济信息司张兴旺副司长、中国农业科学院国际合作局贡锡锋处长、农业信息研究所孟宪学副所长等出席了开班式并致辞。AFSIS项目负责人Montol Jeamchareon先生对中方表示感谢并介绍了东盟食物安全信息系统项目近年来的执行情况。会议由农业信息研究所孟宪学副所长主持。

　　培训班邀请了多名农业官员和专家进行了授课，由中国农业科学院农业信息研究所（以下简称为"信息所"）杨勇博士主持。信息所副所长孟宪学研究员介绍了我国农业信息化建设的现状与展望；信息所杨勇博士作了农业网络信息选择与获取的专题讲座；信息所李思经研究员作了农业研究机构中知识管理系统建设的专题讲座；信息所梅方权研究员作了我国食物安全与可持续发展生产及早期预警系统研究的专题讲座；信息所赵英杰博士作了我国三电合一农业信息服务模式及其应用的情况的专题讲座；信息所赵瑞雪研究员作了农业信息系统发展与应用的专题讲座；信息所周国民研究员作了农业多媒体信息系统设计与开发的专题讲座；信息所王文生研究员作了农业信息网站设计原理和开发的专题讲座。

　　培训班在课堂讲座的同时，也安排了学员进行上机实际操作，针对专题中相关操作性的内容进行了实践，并进行了手把手的上机指导与讲解。

培训班还安排前往北京近郊农村信息化建设试点北京农林科学院打造的顺义吴雄寺村农业信息中心建设，该院信息所的秦向阳博士作了专题介绍。还参观了以现代生物技术、农业工程技术为依托的"锦绣大地"数字农业观光园，全面了解我国信息技术在农业中的实际应用。

通过本次培训，不仅展示了我国在农业网络和数据库技术方面的发展成就，同时也增强了我国与东盟国家的农业信息技术交流与合作，为促进东盟国家农业信息化进程，提高其农产品在国际市场的竞争能力，扩大我国在世界的影响起到推动作用。东盟国家的学员进一步了解了信息技术在我国农业中应用现状、粮食安全信息系统的研究进展以及我国网络和数据库技术在农业应用的成功经验，掌握了我国农业网络和信息技术的最新进展，学到了适用的网络技术和信息管理知识。

学员们普遍认为，参加此次培训受益匪浅，对解决本国的粮食安全信息系统建设以及信息网络建设在农业领域的应用十分有效，能为本国农业信息化建设提供有益的经验和参考，促进本国农业信息化建设步伐的加快。

培训结束后，东盟秘书处向每个学员发了培训课程测评表，对培训内容、培训材料、培训地点、培训教师、会务服务等21个问题进行了调查，共收回评价表90份。学员对此次培训的组织、课程设置和日程安排测评满意度为100%，认为此次培训达到了学习、交流和提高的目的；对培训教师的水平和知识面给予了高度评价，满意度达到96.7%，并对项目工作人员热情周到的服务给予一致赞扬。

培训班合影

培训班开班

双方交换礼物　　　　　　　　　　　　外方赠送我方工作人员礼物

欢迎宴会　　　　　　　　　　　　中国农业科学院信息所梅方权研究员授课

中国农业科学院信息所李思经研究员授课　　　　中国农业科学院信息所杨勇博士授课

第二章 在华培训纪实

中国农业科学院信息所赵英杰博士授课

北京农林科学院秦向阳博士授课

菲律宾代表听课中

马来西亚代表听课中

JICA专家听课中

日本专家听课中

代表参观北京吴雄寺村信息化

学员参观中国农业科学院网络中心

学员参观吴雄寺农村

学员参观吴雄寺村信息化建设

学员参观吴雄寺村村民家庭

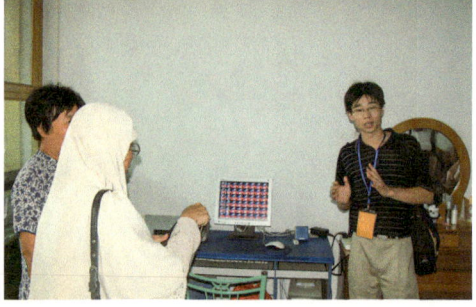
学员在吴雄寺村参观村民家庭信息化建设

学员参观数字化生态园

学员上机实践指导　　　　　　　　　　　学员上机实践中

现场指导学员上机实践　　　　　　　　　为两位学员举行生日宴

赠送学员生日礼物　　　　　　　　　　　为两位学员举行生日宴

赠送学员生日礼物

感动落泪的缅甸学员

感动落泪的泰国学员

学员在天安门广场

第四节 2006年培训

◎ **届次**：第四届
◎ **时间**：2006年11月26日至12月8日，13天
◎ **地点**：北京市、北京房山、天津市、天津蓟县、河北唐山
◎ **外宾**：24人
◎ **国家及组织**：文莱、柬埔寨、印度尼西亚、老挝、缅甸、马来西亚、菲律宾、泰国、越南、AFSIS秘书处
◎ **名称**：东盟粮食安全信息系统培训班

◎ **简介**

2008年11月27日，培训班在北京友谊宾馆举行了开班式，农业部总经济师、市场与经济信息司张玉香司长、国际合作司亚非处唐盛尧处长、中国农业科学院国际合作局贡锡锋副局长、农业信息研究所孟宪学副所长、王文生副所长等出席了开班式并致辞。AFSIS项目负责人Montol Jeamchareon先生对中方表示感谢并介绍了东盟食物安全信息系统项目近年来的执行情况。会议由农业信息研究所孟宪学副所长主持。

本次培训班由专题讲座，系统应用实践和参观考察三部分组成。在课程内容上重点介绍我国农业信息化的现状与经验、农业统计的方法与应用系统、现代农业信息化的前沿技术等，并对信息处理及相关农业统计软件进行上机实践。

培训班邀请了多名农业官员和专家进行了讲座，由中国农业科学院农业信息研究所杨勇博士主持。应学员的要求，本次培训课程主侧重于农业信息统计的原理、技术以及经验推广等方面。农业部国际合作司亚非处唐盛尧处长作了中国—东盟农业合作回顾与展望的专题讲座；国家统计局韦革处长作了农业统计数据采集分析的专题讲座；中国农业科学院农经所厉为民研究员作了中国社会主义新农

村建设及农业信息化状况的专题讲座；国家统计局王萍萍处长作了农业普查方案设计的专题讲座；中国农业科学院信息所杨勇博士作了水稻等主要粮食作物产量预测技术及模型的专题讲座；农业部市场与经济信息司杨硕同志作了农业信息"一站通"建设的现状与经验的专题讲座；中国农业科学院信息所赵英杰博士作了"三电合一经验"介绍的专题讲座；国家农产品质量安全中心樊红平博士作了农产品安全生产信息追踪系统及应用分析的专题讲座；中国农业科学院信息所王文生副所长作了网格技术在我国的应用现状及前景分析的专题讲座；中国农业科学院研究生院于向鸿老师作了农业信息统计基本原理与应用分析的专题讲座。

本次培训班安排了丰富多彩的参观考察活动。除中国农业科学院网络信息中心外，学员还参观了天津市农业信息中心，考察了省级农业信息化建设并听取当地负责人进行了建设经验介绍；在天津蓟县农业信息中心，学员们参观考察了蓟县农业信息中心建设，并实地考察了蓟县"三电合一"的建设现状与经验；在河北省唐山农业局，学员们考察了市级农业信息中心建设并听取了信息化建设的经验；在北京房山区韩村河村，学员们参观了社会主义新农村以及村级的农业信息化建设并听取了经验介绍。本次长达五天的参观活动涵盖了国家级、省级、市级、县级和镇村级的信息化建设，给各国学员的感触很深，学员们纷纷表示，此次培训班让他们开阔了眼界，了解并学到了很多的知识。

在上机操作环节，信息所王丹、孙志国、姜丽华三位老师进行现场指导和讲解，学员们进行了农业信息采集、加工、处理的电脑操作实践以及农业统计方法在计算机中的应用的实践。

培训结束后，主办方为东盟各国的学员颁发了证书，各国学员对本次培训的组织安排以及工作人员热情周到的服务给予一致赞扬，一些先期回家的项目联系人在回国后不约而同地打来电话和发来邮件，对我方领导、专家及工作人员表示诚挚的感谢，并纷纷表示，希望今后进一步加强联系，增进友谊，并扩大合作与交流的机会。

第二章 在华培训纪实 | 35

培训班合影

农业部国合司唐盛尧处长授课

中国农业科学院农经所厉为民研究员授课

中国农业科学院研究生院于向鸿博士授课

国家统计局韦革处长授课

农产品质量安全中心樊红平博士授课

与AFSIS秘书处互赠礼物

与文莱学员交流互动

老挝学员听课中

学员听课中

农业部市场司杨硕老师授课

中国农业科学院信息所赵英杰博士授课

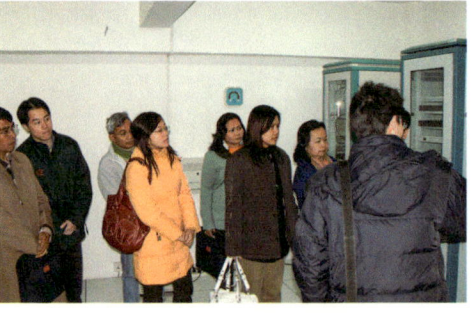
参观中国农业科学院网络中心

中国农业科学院信息所杨勇博士授课

参观唐山市农业局并座谈

参观唐山农业局并座谈

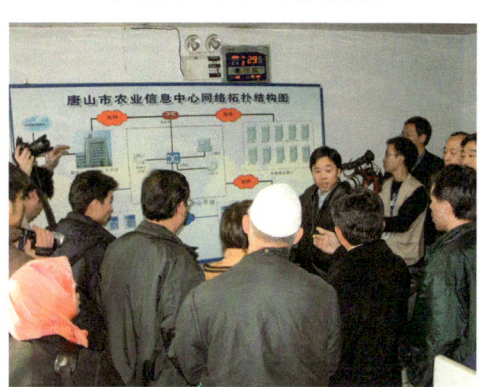
学员参观唐山农业信息中心

学员参观北京房山韩村河新农村

农业部市场司陈丽水处长在天津农业信息中心作介绍

参观天津蓟县农业信息中心

为学员颁发结业证书

在天津为菲律宾学员过生日

感动落泪的菲律宾过生日学员

学员在上机操作实践

第五节 2007年培训

◎ **届次**：第五届
◎ **时间**：2007年11月19日至30日，12天
◎ **地点**：北京、山西太原、晋中及平遥
◎ **外宾**：23人
◎ **国家及组织**：文莱、柬埔寨、印度尼西亚、老挝、缅甸、马来西亚、菲律宾、泰国、越南、AFSIS秘书处
◎ **名称**：东盟粮食安全信息系统培训班

◎ **简介**

2007年11月20日，培训班在北京紫玉饭店举行开班式。农业部总经济师、市场与经济信息司司长张玉香、信息统计处陈丽水处长、国际合作司亚非处唐盛尧处长、中国农业科学院章力建副院长、国际合作局张陆彪局长、AFSIS项目负责人Supan博士及我所孟宪学副所长、王文生副所长等出席了开班式并致辞，会议由孟宪学副所长主持，Supan博士代表AFSIS对中方组织此次培训班表示感谢并介绍了东盟食物安全信息系统项目的建设情况，国合司唐盛尧处长介绍了"中国—东盟农业合作回顾与展望"。

培训班聘请了多位高级专家进行授课，专家介绍了我国近年来实施的多项农业工程项目与行动，农业部市场司统计处陈丽水处长介绍了"金农工程"的情况，中国农业科学院信息所杨勇博士介绍了"农业科技入户工程"的情况，中国农业科学院农经所厉为民研究员介绍了"社会主义新农村"的情况。在系统建设的报告环节，农业部市场司统计处李桂群处长介绍了"我国农业市场物价统计上报系统"的情况，市场司杨硕女士介绍了"我国涉农信息资源整合与共享"，中国农业科学院信息所杨晓蓉博士介绍了"我国农业网站与数据库建设"，谢能付博士介绍了"农业信息前沿技术展望"，农业部农产品质量安全中心樊红平博士

介绍了"我国农产品安全的产地信息认证"等近年来东盟学员较为关心的话题，授课专家们细心地回答了学员们提出的一个个问题。

本次培训班同样安排了丰富的赴外省考察的活动，学员们在山西省太原、晋中等地参观考察了当地的农业信息中心与新农村试点，并饶有兴趣地与当地官员及专家进行了座谈与交流，学员们对此留下了深刻的印象。培训班拉近了我所与东盟各国农业部门的距离，增强了相互间的友谊与互信，各国学员对本次培训的组织安排以及工作人员热情周到的服务给予一致赞扬，学员在回国后不约而同地打来电话和发来邮件，对中方领导、专家及工作人员表示诚挚的感谢，并纷纷表示，希望今后进一步加强联系，增进友谊，并扩大合作与交流的机会。

培训班合影

培训班开班式

农业部国合司唐盛尧处长作报告

农业部市场司陈丽水处长授课

农业部市场司李桂群处长授课

中国农业科学院农经所厉为民研究员作报告

农业部农产品质量安全中心樊红平博士作报告

农业部市场司杨硕女士授课

中国农业科学院信息所杨晓蓉博士授课

中国农业科学院信息所杨勇博士授课

中国农业科学院信息所谢能付博士授课

与AFSIS负责人互赠礼物

与AFSIS负责人互赠礼物

学员在山西考察

学员在山西考察

学员游览长城

2008年培训

◎ **届次**：第六届
◎ **时间**：2008年10月27日至11月1日，6天
◎ **地点**：上海、上海市松江区、江苏苏州、浙江杭州
◎ **外宾**：10人
◎ **国家及组织**：文莱、柬埔寨、印度尼西亚、老挝、缅甸、马来西亚、菲律宾、泰国、越南、AFSIS秘书处
◎ **名称**：东盟粮食安全信息系统研讨班

◎ **简介**

2008年10月28日，培训班在上海金沙江大酒店举行开班式，农业部国际合作司亚非处唐盛尧处长、市场与经济信息司综合处赵英杰副处长、上海农委外经处王德弟处长、科教处华炳均处长、AFSIS项目负责人、泰国农业合作部农业经济办公室副主任Montol先生及中国农业科学院信息所王文生副所长等出席了开班式。会议由中国农业科学院农业信息研究所杨勇博士主持，唐盛尧处长、赵英杰副处长、王德弟处长和王文生副所长分别发表了热情洋溢的讲话，真诚欢迎东盟各国代表，希望各国代表通过这次研讨与考察能开阔视野，学有所成。Montol先生对中方组织此次研讨班表示感谢并介绍了东盟食物安全信息系统项目的执行情况。此后，杨勇博士向与会代表介绍了中方组织的前五次东盟粮食安全信息系统项目的执行情况。

此次研讨班历时5天，参会人员共10人，由于时间短、行程紧，本次研讨班重点安排了多点的参观考察活动。代表们在上海松山、浙江杭州及江苏苏州等地参观考察了当地的农业信息中心与新农村试点，并饶有兴趣地与当地官员及专家进行了座谈与交流，代表们对此留下了深刻的印象。在上海农业信息中心，代表们认真听取了上海市近年来农业信息建设的发展与成就，参观了信息中心多功能视频会议室、中心机房；在上海松江，代表们饶有兴致地参观了黄桥村村务大楼、农村信息多功能服务站"农民一点通"，现场感受了当地农民通过视频对话向远程专家进行的农业技术咨询的过程；在浙江杭州，浙江农业厅科教处戴安勤处长仔细介绍了浙江省"农民信箱"的功能及应用情况，引起了与会各国代表的极大兴趣。

培训班合影

培训班开班式

中国农业科学院信息所杨勇博士对近年来培训活动进行回顾

与AFSIS代表互赠礼物

考察上海市农业信息中心

考察上海市松江区农业

考察浙江农业信息化建设

第七节 2009年培训

◎ 届次：第七届
◎ 时间：2009年9月8日至29日，22天
◎ 地点：云南昆明、云南大理
◎ 外宾：28人
◎ 国家及组织：文莱、柬埔寨、印度尼西亚、老挝、缅甸、马来西亚、菲律宾、泰国、越南、新加坡、AFSIS秘书处
◎ 名称：东盟粮食安全信息系统培训班

◎ 简介

2009年9月9日，培训班在云南昆明正式开班，农业部市场与经济信息司统计处陈丽水处长、农业部国际合作司亚非处顾卫兵副处长、农业部对外经济合作中心李军处长及云南省农业厅对外经济合作处官员等参加了开班式，对来自于东盟的学员表示欢迎。

培训班组织了多位农业统计及粮食安全专家及资深官员对农业统计调查方法、抽样技术、粮食安全形势、粮食安全研究模型等理论及技术方法进行讲解，详细介绍了中国农业统计、粮食早期安全预警及云南省农村住户调查及数字乡村等工作的开展情况，并组织各国官员对东盟国家的农业统计及粮食安全工作经验进行交流和研讨。参加此次培训的各国官员表示，通过此次培训掌握了农业统计及粮食安全方面的最新理论进展，了解中国先进工作经验，将会对推进本国相关工作发挥积极促进作用。来自AFSIS项目办的Unchana女士代表项目办及东盟各国学员对中方组织此次培训班表示感谢，并称此次培训必将进一步促进东盟国家之间的农业统计及粮食安全工作的合作与交流。

培训班合影

农业部市场司陈丽水处长作报告

中国农业科学院信息所聂凤英研究员作报告

国家统计局专家作报告

中国农业科学院信息所杨勇博士作报告

文莱代表作国别报告

柬埔寨代表作国别报告

老挝代表作国别报告

新加坡代表作国别报告

缅甸代表作国别报告

菲律宾代表作国别报告

泰国代表作国别报告

越南代表作国别报告

与代表互赠礼物

与穆斯林代表共进晚餐

 2011年培训

- ◎ **届次**：第八届
- ◎ **时间**：2011年10月16日至23日，8天
- ◎ **地点**：北京
- ◎ **外宾**：16人
- ◎ **国家及组织**：文莱、柬埔寨、印度尼西亚、老挝、缅甸、马来西亚、菲律宾、泰国、越南、AFSIS秘书处
- ◎ **名称**：中国—东盟粮食安全生产信息统计与技术服务交流研讨会

◎ **简介**

　　2011年10月18日，培训班在北京西苑宾馆正式开班，农业部市场与经济信息司陈丽水巡视员、国际合作司亚非处唐盛尧处长、中国农业科学院国际合作局贡锡锋副局长、信息所孟宪学副所长、王文生副所长均到会并致辞，会议由中国农业科学院信息所杨勇博士主持，开班式上，国际合作司亚非处唐盛尧处长作了"中国东盟农业合作进展与展望"报告。

　　培训班上，国家统计局韦革处长介绍了"农业统计与市场价格调查"，农业部市场与经济信息司陈丽水巡视员介绍了"我国农业生产与市场信息统计工作"，中国科学院地理所王英杰研究员介绍了"农田生产信息遥感监测发展与展望"，中国农业科学院信息所杨勇博士介绍了"3G等现代信息技术在基层农技推广中的应用"。为更好地促进中国东盟之间关于粮食安全生产信息与技术服务的交流，本次研讨班特地邀请了江苏省兴化市农业技术推广系统的专家与基层农技人员与外宾面对面进行座谈交流。来自基层的代表系统地介绍了兴化农业生产的情况、粮食生产的管理、基层农业机构的组成与职能、基层农技推广体系建设，以及基层农情信息采集与农技推广中的信息技术应用，并回答了外宾的关于"农技推广工作做什么？农情调查与报送如何开展？农业信息技术如何应用于基层农技推广工作？"等感兴趣的话题。会后，学员们赴北京密云参观考察，并听取当地农业部门农业

生产统计与农产品交易信息管理介绍，与当地种养大户座谈并进行了互动交流。

来自东盟各国的代表纷纷表示，通过此次研讨学习了我国在农业生产信息统计等领域的信息技术的应用，深入了解了我国基层农技推广与农情调查工作实际的情况，为本国内的农业生产与发展提供有益的指导，希望双方今后会有更多的交流与合作。

培训班开班

培训班合影

培训班开班

中国农业科学院信息所杨勇博士授课

学员介绍各国情况

专家与学员展开讨论

地方代表与外宾讨论

向外宾介绍中方信息产品

中科院地理所王英杰研究员授课

地方代表介绍情况

第九节 2013年培训

- **届次**：第九届
- **时间**：2013年11月26日至12月2日，7天
- **地点**：北京、江苏扬州
- **外宾**：20人
- **国家及组织**：柬埔寨、老挝、缅甸、越南、泰国、印度尼西亚、菲律宾、马来西亚、AFSIS秘书处
- **名称**：中国与东盟粮食安全生产信息统计与技术服务交流培训班

简介

2013年11月27日培训班在北京西苑饭店正式开班，农业部市场与经济信息司统计处李韶民处长、中国农业科学院国际合作局贡锡锋副局长、中国农业科学院信息所孟宪学副所长及AFSIS项目负责人Montorl先生等出席了开班式并致辞，会议由中国农业科学院信息所杨勇博士主持。

在培训班上，市场与经济信息司李韶民处长介绍了"我国农业信息统计工作介绍与信息化建设"，国家统计局王萍萍研究员介绍了"我国农业抽样调查工作"，中国农业科学院信息所杨勇士介绍了"基于移动互联的农业科技服务与推广信息化建设"。

此后学员们乘坐高铁来到江苏省扬州市的扬州大学，扬州大学国际合作与交流处处长秦爱建教授、农学院刘巧泉院长、高辉副院长等领导对学员的到来表示欢迎，并分别介绍了学校、学院的发展情况，各国的会议代表就该国粮食安全生产信息统计与技术服务工作进行了交流发言。在此后的培训中，高辉副教授、杨泽峰副教授分别作了以"作物生产预警与产量预测方法介绍与示例""农业统计原理及方法在作物生产中应用"为主题的讲座。

培训班还安排了水稻考种培训与动手实践，参观了扬州大学农学院江苏省作物栽培生理重点实验室、教育部植物功能基因组学重点实验室和校内试验基地，

以及里下河农科所相关实验室、种子加工中心和试验基地等。

　　参加培训的各国官员与专家表示，培训班组织有力，内容丰富，参加培训收获颇大，通过此次培训掌握了农业统计和粮食安全方面的最新理论和进展，了解了中国先进的工作经验，将会对推进本国相关工作发挥积极作用。来自AFSIS项目办的领导Montorl先生在会议期间代表项目办与农业部市场司和国合司的领导进行了会晤，在双方会晤中，Montorl先生首先肯定了此次中方举办的培训班，他表示培训班的课程安排合理，讲师团队专业，会务管理到位，并对中国对AFSIS项目提供的支持表示了感谢，其次就AFSIS今后的长期发展，项目的资金支持以及项目成果转化等问题进行了交流与沟通，与农业部领导达成了一致意见，双方承诺在今后的项目中将加强合作，互利共赢。

培训班合影

培训班开班

中国农业科学院信息所杨勇博士讲座

扬州大学科研处秦爱建处长致欢迎辞

扬州大学农学院刘巧泉院长致欢迎辞

参观扬州大学农学院重点实验室

参观扬州大学试验场

参观江苏里下河农科所

江苏里下河农科所合影

扬州大学校园合影

了解扬州历史

热闹的欢迎宴会

第十节 2014年培训

- **届次**：第十届
- **时间**：2014年11月25日至29日，5天
- **地点**：江苏扬州、泰州
- **外宾**：11人
- **国家及组织**：泰国、柬埔寨、老挝、缅甸、越南、马来西亚、菲律宾、印度尼西亚、AFSIS秘书处
- **名称**：中国与东盟粮食安全生产信息管理与信息技术应用培训班

简介

2014年11月26日，培训班在扬州大学举行开班式，扬州大学焦新安校长、农业部国合司赵维宁副司长、农业部市场司蔡萍副司长、AFSIS项目办负责人泰国农业与合作部农业经济办公室副主任Mr.Montol Jeamchareon、扬州大学农学院刘巧泉院长、扬州大学海外教育学院郭丽院长、扬州大学农学院高辉副院长等出席了开班式并致辞，会议由农业部市场与经济信息司信息统计处陈冬冬副处长主持。

培训班邀请了多名农业官员和专家进行了讲座，由中国农业科学院农业信息研究所杨勇博士主持。扬州大学海外教育学院郭丽院长介绍了扬州大学海外教育情况；农学院刘巧泉院长介绍了扬州大学及农学院的情况；农业部国际合作司亚非处叶安平处长作了中国东盟农业合作现状与展望的报告；农业部市场司蔡萍副司长作了我国农业支持政策介绍的报告；国家统计局周巍调研员作了国家农产品产量调查方法介绍的报告；中国农业科学院农业信息研究所李干琼博士作了中国农业展望分析方法的报告；扬州大学高辉副教授作了作物生产信息化研究进展的报告；扬州大学霍中洋教授作了中国水稻生产的形势分析的报告；扬州大学王建军博士作了农业遥感监测应用的报告；扬州大学顾骏飞博士作了农业统计软件应

用（SAS）的报告。培训期间，专家们与学员共同还分享了东盟各国在这些领域的做法与经验。

在考察实践环节，本次活动组织学员赴江苏泰州姜堰区进行了考察，参观了姜堰现代农业园区、全球生态环境500佳和全国新农村建设示范村沈高镇河横村新农村建设、江苏北农大种鸡公司、姜堰中艺生态园、河横村小麦与油菜高产示范田等，并实地介绍了江苏水稻小麦高产的生产实践与科技服务。在扬州大学，参观了农学院校内教学重点实验室与科研试验基地等并进行了现场交流。

与会外宾一致认为，该培训班组织到位有力，培训内容很为丰富，参加培训收获大、启发多，对此十分满意。

培训班合影

培训班开班

农业部国合司赵维宁副司长致辞

农业部市场司蔡萍副司长致辞

扬州大学焦新安校长致辞

AFSIS秘书处负责人致辞

农业部国合司叶安平处长讲座

交换礼物

国家统计局周巍处长讲座

中国农业科学院信息所杨勇博士讲座

扬州大学霍中洋教授讲座

扬州大学王建军博士讲座

扬州大学顾驹飞博士讲座

参观江苏北农大种鸡公司

参观江苏姜堰现代农业产业园

参观江苏姜堰农业高产示范基地

参观江苏姜堰河横村

第十一节 2015年培训

◎ **届次**：第十一届
◎ **时间**：2015年11月4日至10日，7天
◎ **地点**：上海、江苏常熟、江苏扬州、江苏泰州
◎ **外宾**：16人
◎ **国家及组织**：AFSIS秘书处、柬埔寨、老挝、泰国、越南、菲律宾、新加坡、马来西亚、印度尼西亚
◎ **名称**：中国与东盟粮食安全生产信息管理与信息技术应用交流培训班

◎ **介绍**

　　培训班于2015年11月5日上午在上海进行了开班式，来自于农业部国合司、市场司、中国农业科学院国合局、农业信息研究所、上海市农委以及AFSIS秘书处的领导分别作了发言。中方自2003年以来连续承担AFSIS项目的培训工作，2015年11月4—10日在上海和江苏扬州举办了中国与东盟粮食安全生产信息管理与信息技术应用交流培训班，培训全程历时7天，这是中方举办的第十一届AFSIS培训交流活动，来自东盟十国及AFSIS秘书处的16位代表参加了培训，就农业信息采集与统计应用、信息统计、基层农情队伍构建、农业信息技术应用、农业项目信息管理进行了讲座与座谈，并实地考察了江苏常熟、兴化等地的粮食生产与育种、基层农情调查等工作，与当地负责人与技术人员进行了深入的交流。

　　培训班邀请了国家统计局农村司的黄加才处长作了"中国农业普查制度"的报告；上海市农委信息中心的张向飞副主任作了"上海市'互联网+农业'建设及农业生产信息管理"的报告；国家发展改革委价格司陈成云处长作了"主要农作物成本调查方法"的讲座；农业部农村经济研究中心郭永田主任作了"农村固定观察点关于粮食消费调查回顾——调查方法与数据情况"的讲座；中国农业科学院农业信息研究所许世卫研究员作了"农业大数据"的报

告；国家粮油信息中心李喜贵处长作了"中国粮食供应链现状和市场供求分析"的报告；中国农业科学院信息所徐磊作了"中国农产品电子商务发展"的报告；云农场科技有限公司的范蕾女士作了"'云农场'的运作模式介绍与发展思路"的报告；扬大农学院顾驹飞教授作了"农业统计信息系统应用介绍"的报告；全国农技推广中心吕修涛处长作了"中国粮食生产发展与信息管理"的报告；中国农业科学院信息所杨勇博士作了"中国基层农业推广补助项目建设与数据管理"的讲座。

本次活动考察了上海市农业物联网建设及菜管家等电子商务平台建设，以及江苏常熟农科所，与科研人员座谈并品尝了稻米新品种。

本次活动创新性地将外宾代表带到了基层农技管理部门，完整参观一个县级农业部门的各个组成单位，并召集当地的农技人员和管理者，并听取各部门地方农业信息采集工作简要介绍（负责的机构、工作划分、人员队伍、采集内容、信息系统的应用现状），让他们面对面了解农业生产统计的方方面面，了解全市作物生产情况介绍并实地参观（全市主要作物种植面积、收获面积、产量、单产、价格、消费与库存的信息与数据），起到了很好的效果。

培训班合影

培训班开班

农业部农村经济研究中心郭永田主任授课

全国农技推广中心吕修涛处长授课

云农场总经理范蕾女士授课

学员认真听课

中国农业科学院信息所孙伟博士授课

参观上海农业信息中心

代表课间合影

参观江苏常熟农科所

参观扬州大学试验基地

参观江苏兴化乡农技站

参观江苏兴化试验地

开心的马来西亚学员

与柬埔寨学员在扬州大学试验田

第十二节 2016年培训

◎ **届次**：第十二届
◎ **时间**：2016年12月11日至17日，7天
◎ **地点**：福建厦门、福建漳州
◎ **外宾**：12人
◎ **国家及组织**：柬埔寨、印度尼西亚、老挝、马来西亚、菲律宾、泰国、缅甸、AFSIS秘书处
◎ **名称**：中国与东盟粮食安全生产信息管理与信息技术应用培训班

◎ **简介**

  2016年12月12日培训班在福建厦门举行了开班式，农业部国际合作司亚非处姜小若副处长、市场与经济信息司信息统计处陈冬冬副处长、中国农业科学院信息所周国民副所长、扬州大学水稻产业工程技术研究院常务副院长高辉等有关领导均到会并致辞，会议由中国农业科学院信息所数据库室主任杨勇博士主持。

  培训期间，专家们就农产品质量监管、农技推广体系建设中的方式方法创新、农业资源环境保护、作物绿色高效生产信息技术、农技服务信息平台与社会化服务思路等方面与外宾进行了深入交流。农业部国际合作司姜小若副处长作了"中国东盟农业合作情况介绍"的报告；中国农业科学院农业信息研究所杨勇主任作了"AFSIS在华培训回顾及中国农业社会化服务信息建设介绍"的报告；农业部农产品质量安全中心朱彧作了"我国农产品质量监管情况介绍"的报告；全国农业技术推广服务中心田有国作了"我国农技推广体系建设中的方式方法创新"的报告；农业部农业生态与资源保护总站徐志宇作了"我国农业资源环境保护的相关做法与思路"的报告；扬州大学高辉作了"作物绿色高效生产信息技术介绍"的报告；云种云养（北京）网络科技有限公司王岩辉经理作了"农技服务'云种养'信息平台与社会化服务思路"的报告；江苏省兴化市农业技术推广站王文新作了"我国基层农业大县粮食安全生产管理做法与思路"的报告；福建省绿色食品发展中心周乐峰作了"福建省农业公共服务信息化建设思路"的报告。

此外，本次培训班还组织外宾到厦门市"12316"农业信息服务中心、福建漳州"悦农庄"电子商务平台、厦门市海沧区青礁村院前社等多地进行了考察参观。

培训期间，东盟十国代表还座谈交流农业生产信息化管理工作做法、经验与发展思路。通过培训，不仅展示了我国在农业信息与生产管理方面的发展成就，同时也增强了我国与东盟国家的农业信息技术交流与合作，为促进东盟国家农业信息化进程，提高其农产品在国际市场的竞争能力，扩大我国在世界的影响起到推动作用。结业仪式上，来自东盟各国的代表纷纷表示，通过此次培训学习了我国在农业生产信息平台与社会化服务等领域的信息技术的应用，深入了解了我国基层农技推广与农情调查工作实际的情况，为本国内的农业生产与发展提供有益的指导，希望今后进一步加强联系，增进友谊，并扩大合作与交流的机会。

培训班合影

学员自我介绍

农业部农产品质量安全中心朱彧处长授课

农业部生态总站徐志宇处长授课

扬州大学农学院高辉副院长授课

专家与代表合影

云种养王岩辉经理授课

江苏省兴化市农广校王文兴校长授课

专家与代表合影

福建省绿色食品中心周乐锋主任授课

专家与代表影

中国农业科学院信息所杨勇博士授课

学员参观漳州悦农庄

学员参观厦门农业信息中心

学员接受当地电台采访

学员在厦门农业信息中心座谈

学员参观当地特色产业加工

学员参观漳州乡镇产业

学员参观新农村建设

培训班组织者合影

第十三节 2017年培训

- ◎ **届次**：第十三届
- ◎ **时间**：2017年6月12日至16日，5天
- ◎ **地点**：广东广州
- ◎ **外宾**：8人
- ◎ **国家及组织**：柬埔寨、马来西亚、印度尼西亚、缅甸、菲律宾、泰国、老挝、AFSIS秘书处
- ◎ **名称**：中国与东盟粮食安全生产信息管理与信息技术应用交流研讨会

◎ **简介**

2017年6月13日，培训班在广东省广州市正式开班，农业部市场与经济信息司信息统计处刘福江副处长、农业部科技教育司推广处前处长王青立博士、中国农业科学院信息所数据库室主任杨勇博士，AFSIS项目负责人Kamonpan Soodtoetong女士，以及来自于东盟国家的8位代表出席了开班式。

培训期间，农业部市场与经济信息司刘福江作了"中国农业大数据及统计"的报告，农业部科技教育司王青立处长作了"中国农技推广建设与展望"的报告，华南农业大学自然资源与环境学院蔡坤正教授作了"农业生态模型技术"的报告，中国农业科学院信息所杨勇博士作了"'互联网+农业'信息技术应用实践"的报告。培训班邀请了众多的互联网企业参与讲座与交流，北京良田嘉谷科技有限公司就"蓝农"平台进行了介绍，中国电信就"农技宝"平台进行了介绍，中国知网就"智慧农民云平台"进行了介绍。

此外，在广东省农业科学院和农业技术推广中心的大力支持下，培训班还组织了参观活动，在广东省农业科学院水稻品种试验站和推广中心的生态园区，学员考察了解了当地农业科研与推广的情况，灵活生动的培训方式，促进学员的直观感知，强化对培训内容的认识和理解。

培训班合影

培训班开班

柬埔寨代表作国别报告

菲律宾代表作国别报告

马来西亚代表作国别报告

泰国代表作国别报告

印尼代表作国别报告

缅甸代表作国别报告

马来西亚代表在会上

学员参观广东省农业科学院

学员参观水稻品种试验

学员参观水稻品种试验

第十四节 2018年培训

◎ **届次**：第十四届
◎ **时间**：2018年10月22日至26日，5天
◎ **地点**：江苏扬州、江苏盐城
◎ **外宾**：9人
◎ **国家及组织**：柬埔寨、印度尼西亚、老挝、马来西亚、缅甸、菲律宾、泰国、AFSIS秘书处
◎ **名称**：中国与东盟粮食安全生产信息管理与信息技术应用培训班

◎ **简介**

2018年培训班于10月23日开班，AFSIS秘书处代表Kamonpan Soodtoetong女士、中国农业科学院农业信息研究所数据库室主任杨勇、扬州大学农学院院长严长杰、扬州大学水稻产业工程技术研究院常务副院长高辉等有关领导到会并致辞，开班式由杨勇主任主持。

培训期间，邀请中国农业科学院农业信息研究所孙志国副研究员作了"区块链技术在现代农业中的应用"的报告；中国农业科学院信息所杨勇副研究员作了"互联网+现代农业科技服务"的报告；国家农业信息化工程技术研究中心陈天恩研究员作了"'互联网+'在农技推广中的创新与实践"的报告；中国农业科学院信息所喻闻副研究员作了"农业市场预测方法与技术展望"的报告；扬州大学农学院高辉教授作了"杂交水稻超高产制种新技术介绍"的报告，并与外宾们进行了座谈交流。与会各国代表还开展了国别报告的交流，各自介绍了各国农业信息化及统计工作的进展及展望，并进行了热烈的讨论，相互借鉴了经验。

此外，本次培训还组织学员到盱眙龙虾产业集团、神农大丰种业基地等多地进行了考察参观，实地了解了稻虾共生新型养殖模式，考察了新型稻米品种实验基地并参与了稻米品鉴活动。

培训班合影

培训班开班式

印尼代表做国别交流　　　　　　　　　　　柬埔寨代表做国别交流

柬埔寨代表做国别交流

老挝代表做国别交流

菲律宾代表做国别交流

泰国代表做国别交流

中国农业科学院信息所孙志国研究员授课

国家信息工程中心陈天恩研究员授课

扬州大学农学院高辉副院长授课

中国农业科学院信息所喻闻博士授课

学员听课中

学员参观盐城水稻试验地

学员在水稻试验地合影

学员参加国际稻米品鉴会

学员参观盱眙龙虾集团

学员品尝苏北名肴

第十五节 2019年培训

◎ **届次**：第十五届
◎ **时间**：2019年9月1日至5日，5天
◎ **地点**：北京
◎ **外宾**：11人
◎ **国家及组织**：柬埔寨、印尼、老挝、马来西亚、缅甸、泰国、新加坡、越南、AFSIS秘书处
◎ **名称**：中国与东盟粮食安全生产信息管理与信息技术应用培训班

◎ **简介**

2019年9月2日，培训班在北京正式开班，农业农村部国际合作司亚非处贺杰副处长、信息所党委书记刘继芳、AFSIS秘书处经理Vinit Atisook先生、扬州大学农学院副院长高辉等有关领导来宾均到会致辞，会议由信息所现代农业信息服务研究室主任杨勇主持。

研讨会期间，来自农业农村部生态与资源保护总站生态农业处的徐志宇处长介绍了"中国生态农业发展与生态农场评价标准"，中国农业科学院质量标准研究所的郭林宇主任介绍了"农产品质量安全新形势与新要求"，中国农业大学资源与环境学院的孟凡乔教授介绍了"中国有机农业发展及支持保障体系"，中国农业科学院信息所许世卫研究员介绍了"农业大数据与农产品监测预警"，扬州大学农学院高辉副院长介绍了"稻田综合种养产业技术研究进展"，中国农业科学院信息所杨勇主任介绍了"中国现代农业信息服务研究与应用"，并与外宾们进行了座谈交流。各国代表分别作了国别报告并进行了交流。

此外，本次研讨会还组织学员参观了信息所农业监测预警研究中心，通过现场大屏演示讲解，让学员更直观地了解我国农业生产信息、农产品消费信息、农产品市场信息、粮食及食物安全信息的监测、分析与预警情况，通过现场交流，

学员纷纷表示获益匪浅,并希望加强中国与东盟各国在数据交流交换、信息技术应用等方面的合作。

培训班合影

培训班开班

农业农村部国合司贺杰副处长致辞

AFSIS负责人致辞

中国农业科学院信息所刘继芳书记致辞

扬州大学农学院高辉副院长致辞

中国农业科学院信息所杨勇主任主持

柬埔寨代表国别报告

泰国代表国别报告

缅甸代表国别报告

新加坡代表国别报告

老挝代表国别报告

马来西亚代表国别报告

越南代表国别报告

印度尼西亚代表国别报告

农业农村部生态总站徐志宇处长授课

中国农业大学孟凡乔教授授课

中国农业科学院信息所许世卫研究员授课

扬州大学农学院高辉副院长授课

中国农业科学院质标所郭林宇主任授课

中国农业科学院信息所杨勇主任授课

中国农业科学院信息所庄家煜博士授课

与学员进行交流

学员听课中

认真笔记的学员

学员提问与解答

第三章
交流合作回顾与思考

第一节 项目参与回顾

作为一项东盟与中日韩（10+3）农业领域的重要合作，十多年来，中国农业科学院农业信息研究所在确保做好培训工作的同时，也广泛参与了东盟粮食安全信息系统的各项业务工作，其中之一就是一年一度的东盟粮食安全信息系统联系人会议。通过参加会议活动，与各国开展交流，共商项目发展，讨论项目建设遇到的相关问题。

2007年赴菲律宾参加第5次东盟粮食安全信息系统联系人会议

2007年赴菲律宾参加第5次东盟粮食安全信息系统联系人会议

2008年赴泰国参加第6次东盟粮食安全信息系统联系人会议

2008年赴泰国参加第6次东盟粮食安全信息系统联系人会议

2009年赴印度尼西亚参加第7次东盟粮食安全信息系统联系人会议

2009年赴印度尼西亚参加第7次东盟粮食安全信息系统联系人会议

2020年文莱主办的第18次东盟粮食安全信息系统联系人会议因全球新冠疫情在线上召开

为加强与东盟粮食安全信息系统秘书处的联系，进一步做好项目的相关建设工作，2010年我们访问了泰国农业合作部的农业经济办公室，与项目负责人等进行了交流，并参观了培训中心等机构。

2010年赴泰国东盟粮食安全信息系统秘书处开展交流

为进一步了解东盟国家农业产业情况,2007年应泰国邀请,对泰国农业合作部及相关农业省的农业产业进行了访问调研。

2007年赴泰国参加生态农业产业考察调研

2007年赴泰国参加生态农业产业考察调研

2015年，应柬埔寨农林渔业部邀请，赴金边为省级农业官员与专家60多人开展培训，并对农业产业发展情况进行了问卷调研，加深对东盟国家农业主导产业情况了解。

2015年赴柬埔寨进行培训并对农业主导产业发展情况问卷调研

第二节 项目培训成效

回顾15届培训班,从2003—2019年,除2010年和2012年未得到国际合作经费支持外,其余年份均正常举办。我们进行了统计如下。

年份	学员人数	来自国别	培训天数	讲座次数	考察次数
2003	18	7	10	9	2
2004	42	12	7	7	2
2005	27	10	11	8	2
2006	24	9	13	11	4
2007	23	9	12	9	3
2008	10	9	6	4	3
2009	28	10	11	7	1
2011	16	9	8	6	1
2013	20	8	7	5	2
2014	11	8	5	10	7
2015	16	8	7	11	4
2016	12	7	7	9	3
2017	8	7	5	7	2
2018	9	7	5	5	2
2019	11	8	5	6	1
合计	275		119	114	39

◎ 各国代表参与情况

15届培训班共计培训学员275人，累计119天，受项目所依托的国际合作交流项目经费影响，各期培训班的邀请外宾人数与举办天数有较大差异。在报名参加的国家方面，泰国、柬埔寨、老挝从未缺席，新加坡多数情况下缺席，文莱时有缺席，其他国家大部分时间未出席，而日韩仅在开始时参加过1~2次，后面均未参加。

◎ 培训课程安排情况

15届培训班共计安排讲座114次，业务参观考察与实践39次。中后期的培训班中，虽然项目经费大幅度削减，培训时间缩短，但培训课程和专业参观考察与实践则有所增加。

近年来，世界范围内的信息化发展突飞猛进，东盟国家的农业信息化无论是从理念，还是从软硬件环境上，都在不断发生在快速的变化，因此每年的培训班在培训内容的安排上，一方面我们考虑到各有侧重，另一方面主要介绍前沿的技术与经验，同时通过与老学员的定期联络动态地掌握他们信息化发展的水平及对培训班的要求。

每年我们设定一个主题，然后在内容上寻找创新与突破，近年来，一个不变的方向就是更加深入地与企业与基层进行结合，把理论的东西展现在实践上，让粮食安全与农产品生产的直接利益方来展示展现及参与交流培训中来。

◎ 培训地点富于变化

在培训地点上，除北京外，我们多次安排赴京外多地进行参观考察活动，或直接在京外举办。在考察地点选择上遍布了省、地、县、镇及村各级，给各国学员留下了深刻的印象。很多次的培训我们属于多点拉练式培训，极大地激发了学员的参与热情。每次培训我们尽量多安排到基层一线、生产一线去了解粮食安全的信息管理与服务，让学员了解中方在这些方面的具体经验与做法。

第三节 项目培训思考

15届培训班历时17个春秋,培训前我们精心组织筹备,沟通包括技术内容在内各方面的培训需求,培训中有条不紊地开展授课、交流、参观考察,培训后及时总结,平时通过邮件、电话等交流沟通,以及开展各类互访和项目合作。十五届培训班没有出过一次安全事故。由中国组织开展的东盟粮食安全信息系统培训在东盟各国农业系统内形成了良好的口碑,也成为我国开展东盟农业合作的经典案例。回顾17年过往,我们有如下深刻体会。

◎ 培训架起一座中国—东盟友谊之桥

同其他中国东盟合作项目一样,培训的持续开展有效建立起了中国东盟农业信息合作的交流平台。作为一个中方投入的培训项目,其投入不大,但深受东盟国家的欢迎。

办一次培训班的意义不仅仅在于在一至两周的时间内给东盟各国学员传授知识、进行沟通与交流,更多的在于通过培训班搭建起中国与东盟农业信息合作的桥梁,开辟一个新的窗口。

有些学员第一次来中国,我们不仅给他传授知识,还通过培训期间的生活照顾和日常交流,让他更了解中国的发展,找到合作互补的机会。参加培训的学员,基本上都是东盟国家农业部经过认真考虑后委派的,有很多是农业信息领域的官员和专家,在其国内具有一定的影响力,他们来参加培训不仅仅是为了学习相关的知识,有很大方面是为了进一步了解中国,并寻找一些合作的机会。

有些学员来了几次,和中方人员相互成了好朋友,在培训期间及之后,就有更多的共同语言,共同推进相关的信息交换和项目交流与合作。通过这个平台,2017年我们顺利促成了扬州大学一项中国东盟生物安全培训项目的快速落实,从开始沟通到培训班正式开班仅用了短短的三周的时间。

有些学员来了之后,又在别的项目或国际活动中和我们相见,更利于推进其他方面的农业合作。我们除了负责东盟粮食安全信息系统的在华培训，还负责大湄公河次区域农业信息平台的建设，由于地区有重合性，又都是偏向信息，因此，在相关业务开展中，我们的很多学员成了两个项目的共同"合伙人"，极大地节省了业务中的信任与沟通成本。

还有更多的学员，通过培训和我们成了朋友，帮助我们国内的同行、国内企业以及所在国的企业开展相关科研与业务合作与推进。我们促成了农业监测预警等多个国内学术团队东盟国家科研访问的协调，畅通了渠道，拓展了合作的领域。

每次培训后，我们都收到很多感谢的邮件，纷纷表示收获很大，开阔了视野，要把学到的知识和经验用于他们国内的发展与实践。

◎ 贴心周到服务让"睦邻友好"得到落实

东盟国家是我们的近邻，中国一直把睦邻友好作为发展中国与东盟国家关系的准则，我们在华举办的东盟粮食安全信息系统培训班就是睦邻友好的具体实践。

外事无小事，何况是邻居和朋友来到家里做客，因此，每次培训班我们都力求给东盟学员提供贴心周到的服务。

由于培训班涉及东盟及中、日、韩共13个国家，每次在培训时间的考量上，既要考虑到中方的情况，包括我们业务团队全年的其他业务工作安排，还要更多考虑到东盟各国等的具体情况。而这17年来，因为一些国家军事政变、冲突以及地震、海啸等各种突发事件，导致培训时间一拖再拖，最后好几次的培训不得不在寒冷的冬季举办。虽然对于不少来自于东南亚的学员来说，他们乐于有这样的冰雪体验，但对于主办方来说，就需要更多的谨慎。因为这些来自东南亚的学员没有防寒经验，所以培训班会务人员就需要做大量精心地准备，确保每个学员不受寒，不生病，要时时提醒他们注意保暖，提醒他们带好防寒的衣服，或带着他们去购买御寒衣物，对于一些来自欠发达地区的学员，主办方人员有时自掏腰包给他们买一些御寒的衣服，或者从家里拿自己的衣服给他们穿。有一年在河北唐山的考察中，我们农业部有位官员在室外考察过程中，脱下了自己的衣服给泰国的一位学员，而自己后来还因此得了轻微的感冒。

培训前我们根据学员提供的护照信息，细心去发现培训期间过生日的学员，给他们意外的惊喜。一次是在北京，正好一位泰国学员和一位缅甸学员同一天过生日，我们事先都没告诉所有的学员，课程结束后，我们告诉他们今晚的自助餐因为餐厅协调我们换了个地方，实际上我们预先订制了包间并进行了生日派对的装饰，当晚两位学员十分激动，其中缅甸的学员表示，这是他过的第一个正式的生日，由于当时缅甸经济还比较困难，所以这样的生日派对对他来说非常珍贵。还有一次在天津，给一位菲律宾女学员一个惊喜，那天也是她的生日，她激动得热泪盈眶。一桩桩、一件件细心周到的安排和服务，拉近了我们与东盟国家代表们的距离。

学员来自多个不同国家，航班时间地点复杂多样，有时我们在京外办班，培训驻地和机场相对较远，给接机人员带来很大的挑战，但即使这样，他们有时还会针对学员到机的情况，细心地准备餐食饮料，确保他们一下飞机就能感受到温暖的关怀。

◎ 培训他人也是锻炼我们自己

每一次培训对我们来说都是一次重要的学习和锻炼。

对一些刚走出校门走上工作岗位的员工以及刚刚进入研究生学习的学生来说，承担培训会务工作，训练了英语听说读写的能力，在培训会务中学会了活动组织的经验，在参与培训课程和活动交流中，了解并学习了更多的行业领域国内外发展情况和相关的知识。

我们的不少业务骨干把培训当作是一次历练和学习的重要机会，在粮食产业的统计知识、数据分析的方式方法、东盟国家的产业行情、基于粮食安全的信息管理与知识服务等等多个方面与外国学员展开深入的交流，获得了第一手的数据资料。

培训项目负责人杨勇博士2004年刚走出校门进行工作岗位，就开始全面负责第二届培训班的总结和第三届培训班的筹办，之后又是第一次出国并代表农业部出席在菲律宾马尼拉召开的东盟粮食安全信息系统联系人会议，培训负责人、会务服务人员、培训讲师、培训主持、课堂翻译、项目中方联系人等多重身份于一体，经过十七年的锤炼，收获颇丰。

为了提升团队的英文交流能力，主办方还在购买了新航道等外语培训机构的服务，组织员工进行口语等能力的培训，提升了团队整体的外事接待能力。

◎ 以培训班为平台开展信息共享

任何一个国际合作项目都存在着一个"走出去、引进来"的原则，东盟粮食安全信息系统培训班也是如此。

先来说"走出去"，在授课内容与活动安排上，一方面我们在培训前听取东盟粮食安全信息系统秘书处以及各国的反馈意见来安排相关的课程。另一方面我们也从我们自身的角度出发，如何去培训和分享我们觉得有价值的东西。这里面主要有两个方面：一是我们国家在粮食安全及农业产业管理等方面近年来的经验与做法，我们觉得这些理念和方法很多时候比教科书式的统计方法等培训更能提高东盟国家学员的能力，因为在互联网时代，即使是欠发达国家，但作为社会的精英，他们和我们一样，更多接触的是当前较新或最新的技术，只是他们可能某种程度上缺少应用的环境和经验。二是基于整个农业领域的信息化建设情况。这个17年，相对于东盟国家，我们的农业信息化建设取得了极大的成就，从信息进村入户、智慧农业发展、社交媒体与知识服务、农产品电商与直播带货等，一年一个变化，每年的培训我们都与时俱进，把这些新的变化、做法和经验介绍给外方学员。这在侧面上也有利于我们的一些信息产品走出去。泰国农业合作部农业经济办公室在参观了上海的"菜管家"以及"村村通"的信息服务大厅后，就通过相互联系沟通，采购了中方的设备和系统平台。

而"引进来"则是更多基于信息层面的交流。在初期的几次培训班中，我们更多的注重完成培训授课的任务，把我们的方法、做法、经验等介绍给东盟学员，而很少去了解他们的一些信息发展现状、数据收集与拥有情况。在后来的培训中，我们就多留一些时间安排东盟学员去介绍他们的情况，比如国别报告的形式。同时我们要求培训教师和会务人员除了认真上好每一次课、保证学员学习好、生活好以外，还要尽量多与学员交流，尽可能多了解各国在农业信息技术研究与信息管理方面的具体做法，包括象新加坡等国家的一些重要成果和经验。我们也安排相关的企业参与到培训中，进行一些需求的对接。通过这些方式，我们更多的掌握了东盟国家粮食安全的现状、管理的方法与技术，从而让我们在中国东盟合作中找到更多更好的切入点，逐步强化区域粮食安全，并促成相关贸易合作。